AF326353

PASTORALE,

En deux Actes & en Vers,

SUR LA VICTOIRE

REMPORTÉE AUPRÈS DE NANTES,

PAR LES ARMES DE LA RÉPUBLIQUE;

Par MICHEL BOYER, Professeur au Collége National
du Mans ;

---

*Représentée dans l'Acte de la Distribution des Prix
du Collége, en présence des Autorités Constituées,
le 6 Août 1793, l'an second de la République,
une & indivisible ;*

Et imprimée par ordre de l'Administration du Département
de la Sarthe.

AU MANS,

DE L'IMPRIMERIE NATIONALE;
chez PIVRON, Imprimeur du Département.

1793.

A L'ADMINISTRATION
DU DÉPARTEMENT DE LA SARTHE,

CITOYENS ADMINISTRATEURS,

J'ÉTOIS bien loin de songer à livrer à l'impression ce foible essai de ma plume ; vous l'avez décidé ; mon devoir est d'obéir. C'est, sans doute, pour récompenser le zèle de mes jeunes Élèves, & ranimer, dans ce Département, l'émulation languissante, que vous donnez à la Pastorale qu'ils ont représentée, cette publicité qu'elle ne méritoit pas. Ce motif de bien public me fait sacrifier mon amour-propre, qui, dans cette circonstance, eût désiré se dérober à une juste critique.

De tout temps, on a reçu avec indulgence ces Opuscules Dramatiques, que le zèle des Professeurs leur fait entreprendre, pour ajouter quelque intérêt aux Exercices Littéraires des Collèges. Ce seroit bannir toute émulation, que de juger avec rigueur ce qu'on offre sans prétention. J'ose donc me flatter, CITOYENS ADMINISTRATEURS, que l'accueil si flatteur que vous avez bien voulu faire à cette bagatelle, disposera mes Lecteurs à ne pas s'appesantir sur sa foiblesse & ses nombreux défauts. Ils sentiront, avec vous, que les fonctions laborieuses d'Instituteur ont besoin d'encouragement. Et moi, dans ces fonctions, je redoublerai d'efforts, pour m'attirer encore, de votre part, quelques nouveaux regards de bienveillance : c'est le plus digne tribut que mon cœur reconnoissant puisse vous offrir.

BOYER.

PERSONNAGES.

Palémon, *vieux Berger*,	René Clémencerie.
Damis, *fils de Palémon*,	Jacques Ignard.
Licidas,	Jean-Louis Plot.
Damon,	Augustin Mérillon.
Aminte,	Amand Massé.
Daphnis,	Julien Denis.
Timandre,	Ambroise Souligné.
Autres petits Bergers,	Jacques Lechène. Joseph Jaury. Joseph Coupel.

*La Scène est dans les environs d'un Village voisin
de Nantes.*

PASTORALE
SUR LA VICTOIRE
REMPORTÉE AUPRÈS DE NANTES.

ACTE PREMIER.

SCÈNE PREMIÈRE.

DAMIS, *seul.*

Je te revois enfin, ô ma chère Patrie,
Côteaux , bosquets charmans , lieux si doux à
    mon cœur !
Je pourrai donc encore ici couler ma vie !
    Dois-je croire à tant de bonheur ?.....
Je vous reconnois bien, retraites fortunées,
    Où, parmi les ris & les jeux,
Coulèrent doucement mes premières années.
    Je vous revois, je suis heureux.......
Je te retrouve aussi, délicieux bocage,
Où souvent, à l'abri des ardeurs du soleil,
Je goûtai les douceurs d'un paisible sommeil :
Ah ! je n'espérois plus me voir sous ton ombrage.....

De lassitude & de plaisir,
Je me sens prêt à défaillir......
Asseyons-nous sur ce banc de verdure,
Pour y contempler à loisir
Tant d'objets, dont le souvenir
A souvent adouci ma peine la plus dure......
Déjà, dans les champs, cinq moissons
Par la faulx ont été coupées,
Depuis qu'on m'arracha de ces belles contrées ;
Cinq siècles ne sont pas plus longs......
D'un despotisme affreux malheureuse victime,
J'ai voulu conserver le plus sacré des droits,
De protéger mon bien contre d'injustes loix ;
Et l'on m'en a puni, comme du plus grand crime,
Un impitoyable Seigneur
Dévastoit chaque jour mon petit héritage :
Devois-je donc, de ce ravage,
Rester tranquille spectateur ?
Ses chasseurs, dans des champs par mes mains
fécondés,
Poursuivant le lièvre timide,
Pour le plaisir d'un maitre avide,
Couchoient & détruisoient mes blés......
Combien de fois, les yeux remplis de larmes,
J'allai lui faire part de mes justes alarmes,
Le conjurer de mettre une fin à mes maux,
En respectant les fruits de tant de longs travaux !
Mais des prières si touchantes
N'amollirent jamais son insensible cœur ;

Et des paroles menaçantes

Mirent, à chaque fois, le comble à ma douleur.....

Le désespoir enfin succède à la prière,

Et l'injustice arme mon bras :

Je déclare aux chasseurs une cruelle guerre,

Et leurs chiens tombent sur leurs pas.

J'ai payé cher ma résistance ;

Par la plus horrible vengeance,

J'ai long-temps gémi dans les fers ;

Mais des tourmens que j'ai soufferts,

Mon ame n'est plus déchirée :

La Liberté, si desirée,

A renversé l'orgueil des grands,

Et leurs priviléges barbares ;

Elle a détruit ces loix cruelles & bizarres,

Qui leur asservissoient & nos bras & nos champs.

La Liberté me rend au lieu de ma naissance :

Je lui dois plus que l'existence,

Puisque je lui dois le retour

Dans cet heureux & beau séjour.

Je te bénis, ô Liberté chérie !......

Mais, quels sont ces Bergers que je vois accourir

A travers la prairie ?

Je desire & je crains de les entretenir.

Mes parens ! mes amis !.. Qu'il me tarde d'entendre !..

Mais, hélas ! si j'allais apprendre

Qu'il leur soit arrivé quelque fâcheux malheur !

Ah ! comme en ce moment je sens battre mon cœur !....

S C È N E   I I.

DAMIS, AMINTE, LICIDAS.

LICIDAS.

Quel eſt cet étranger, Aminte?
J'éprouve une ſecrette crainte.

DAMIS.

D'où vient votre frayeur, ô timides Bergers?
Jamais en ces beaux lieux ne vient-il d'étrangers?

AMINTE.

Hélas! nous n'en voyons que trop ſouvent paroître.

DAMIS.

Que dites-vous?......

LICIDAS.

Fuyons, fuyons; peut-être....

DAMIS.

Raſſurez-vous. Pourquoi me redouter ainſi?

AMINTE.

Ah! pourquoi! C'eſt que, par ici,
Nous voyons tous les jours, de village en village,
Errer des troupes de brigands,
Qui portent la mort, le ravage
Dans nos maiſons & dans nos champs.

DAMIS.

Ciel! que m'apprenez-vous? quelle affreuſe
nouvelle!

Pour moi , jeunes Bergers , je ſuis de vos amis!
Long-temps abſent de ce pays ,
Par une injuſtice cruelle.......

LICIDAS.

Seriez-vous le Berger Damis ,
Qu'un ſeigneur , méchant & barbare ,
Nous arracha , malgré nos cris ?

AMINTE.

Non , nulle erreur ne nous égare ;
Du bon Damis je reconnois les traits.

DAMIS.

Vous ne vous trompez point ; c'eſt Damis , c'eſt
lui-même.
O plaiſir ! ô bonheur ſuprême !
Je croyois bien ne vous revoir jamais.
Ah ! dites-moi ſi mon vieux père.....
Parlez.

LICIDAS.

Il vit encor.......

DAMIS.

Que je ſuis ſoulagé !

LICIDAS.

Toujours dans la douleur il eſt reſté plongé ;
Mais toujours vertueux , au ſein de ſa miſère ,
Sans ceſſe il répétoit : J'eſpère
Qu'enfin le ciel s'adoucira ,
Et qu'un évènement proſpère
Dans mes bras le ramènera,

DAMIS.

Vous remplissez mon cœur de la plus douce joie.
Qu'il me tarde que je ne voie
Ce digne objet de mon amour !
Pour arrofer, de larmes de tendreffe,
Ses cheveux blanchis de vieilleffe.

AMINTE.

O bon Damis ! un fi beau jour
Va, dans tout le canton, répandre l'alégreffe;
Qui n'a pas regretté le meilleur des pafteurs ?
Qui n'a pas partagé la profonde trifteffe
D'un vieillard qui, par fa fageffe,
Gouverne en ces lieux tous les cœurs ?

LICIDAS.

A peine je touchois à ma feptième année,
Lors de la fatale journée
Qui vit commencer vos malheurs.
Mais, de votre départ, la fcène déchirante
N'a jamais, à mes yeux, ceffé d'être préfente :
Je crois vous voir encòr, pâle, baigné de pleurs,
Par des gens que l'argent rendoit impitoyables,
Indignement traîné dans le rang des coupables.

AMINTE.

Depuis ce moment plein d'horreur,
Le deuil règne dans le village;
Tout, dans la nature, partage
Nos regrets & notre douleur;

Des oiseaux le tendre ramage
N'a plus que de tristes accens ;
Nos arbres, avec le printemps,
Semblent prendre un moins beau feuillage ;
L'écho se tait, & de doux sons
Ne sortent plus de nos musettes ;
Les Bergères de nos vallons
Ont oublié leurs chansonnettes,
Et perdu toute leur gaieté ;
Leurs voix se font à peine entendre,
Aux Fêtes de la Liberté.
Beau Damis ! vous allez nous rendre
Notre ancienne félicité.

LICIDAS.

Oui, malgré les vives alarmes
Qui nous troublent à chaque instant ;
Le retour d'un ami, que nous chérissons tant ;
N'en a pas moins pour nous de charmes.

DAMIS.

Jeunes Bergers, mes bons amis,
Que l'ame du pauvre Damis
Est vivement émue à vos tendres paroles !
Comment de moi vous souvient-il encor ?
Enfin, d'un long exil, ô ciel, tu me consoles !
Un seul moment heureux, de mon malheureux sort,
Détruit en moi les affreuses souffrances.
Déjà de l'amitié les douces jouissances,
Sur les blessures de mon cœur,

B

Ont répandu leur baume falutaire,
Et me font efpérer le plus parfait bonheur.
Adieu, Bergers ; je cours embraffer mon vieux
père. (*Il fort.*)

SCÈNE III.

AMINTE, LICIDAS.

AMINTE.

QUEL plaifir de revoir l'ami le plus chéri,
Après une fi longue abfence !

LICIDAS.

Jamais, autant que depuis fa préfence,
Je ne me fentis attendri :
Le calme peint fur fon vifage,
Malgré les maux qu'il a foufferts,
Me fait moins craindre les revers,
Et rallume en moi le courage.

AMINTE.

Mon cœur étoit ferré par la frayeur ;
Je n'avois fous les yeux que carnage, qu'horreur ;
Mais cette heureufe circonftance
Fait renaître en moi l'efpérance.

LICIDAS.

Je vois venir à nous Daphnis,
Et courir après lui Timandre :
Hélas ! que vont-ils nous apprendre ?
De terreur mes fens font faifis.

SCÈNE IV.

AMINTE, LICIDAS, DAPHNIS, TIMANDRE.

DAPHNIS.

Bergers, tout est perdu : notre pauvre village
A l'instant va tomber au pouvoir des brigands ;
Ils poussent des cris menaçans,
Préfages trop certains du meurtre & du pillage.

AMINTE.

Ah Dieux ! quelle foule de maux
Est prête à fondre sur nos têtes !

TIMANDRE.

A la hâte, nos Généraux
Rassemblent nos Guerriers par le son des trompettes.
Que pourront leurs efforts & leur noble valeur,
Contre une multitude immense,
A qui le fanatisme & l'aveugle fureur
Servent de règle & de prudence ?

DAPHNIS.

Le fer, ni le feu, ni la mort,
Rien ne les épouvante :
Où le danger est le plus fort,
Où l'attaque est la plus sanglante,
C'est là qu'ils courent se jeter.
Jusques sur nos canons, qui vomissent la flamme,
Ils viennent se précipiter.

Le démon des combats semble être dans leur ame.
En vain, de nos braves Soldats,
Le fer par milliers les moissonne ;
De leurs compagnons morts leur troupe s'environne,
Et s'en fait un rempart pour braver le trépas.
Non, jamais on ne vit de combats plus atroces ;
Jamais il n'en coûta tant pour être vainqueurs :
Les lions, les tigres féroces
Savent moins résister aux courageux chasseurs.

LICIDAS.

Quelle est affreuse la peinture
De la rage de ces brigands !
Je vois de tous côtés les dangers les plus grands,
Hélas ! & rien qui nous rassure.

AMINTE.

Le retour de Damis avoit ouvert nos cœurs
Aux doux transports de l'alégresse ;
Mais nous voilà plongés dans de nouveaux malheurs,
Et ma voix n'a d'accens que ceux de la tristesse.

(*Il chante, sur l'Air :* Comment goûter quelque repos)

Jour où devoit enfin cesser
Un chagrin de longue durée,
La plus affreuse destinée
Pour nous va donc recommencer !
Ah ! si, pendant toute la vie,
Il faut ainsi toujours souffrir,
Ah ! j'apprehende de vieillir,
Avant qu'elle me soit ravie.

Cruels, qui défolez nos champs ;
Pouffés par une aveugle rage,
Que vous a fait notre village,
Ces mères, ces jeunes enfans ?
Ne teignez plus l'herbe fleurie,
Du fang précieux des Français ;
Au fein du calme & de la paix,
Adorons la même patrie.

Quoi ! dans nos fertiles guérets,
Couverts de moiffons jauniffantes,
Vous irez, de vos mains fanglantes,
Du ciel détruire les bienfaits !
Hélas ! vous vous faites la guerre,
En la faifant à nos travaux ;
Vous mettez le comble à vos maux ;
En nous plongeant dans la misère.

LICIDAS.

Mais pourquoi nous défefpérer,
Par la crainte d'une défaite ?
Notre ame, trop tôt inquiète,
A tort de fi mal augurer.
De la Liberté qu'ils adorent,
Quoi ! les généreux Défenfeurs
Seroient vaincus par les fauteurs
Du defpotifme, qu'ils abhorrent......
Quoi ! le Soldat Républicain
Seroit moins courageux que celui des defpotes !.....
Non, j'en jure par toi, vaillant Américain !
Que la caufe des Patriotes,
La douce & fainte Égalité,

Après une lutte fanglante ,
Enfin reſtera triomphante
De l'enfer contre elle irrité.

AMINTE.

Je ne ſais point ſi je m'abuſe ;
Mais tel eſt auſſi mon eſpoir.
Aux noirs preſſentimens mon eſprit ſe refuſe :
A travers l'avenir , je crois appercevoir
La République enfin floriſſante & tranquille ,
La victoire , la douce paix ,
Sur le territoire Français ,
Fixant pour jamais leur aſyle.

SCÈNE V.

AMINTE, LICIDAS, DAPHNIS, TIMANDRE, DAMON.

DAMON.

Fuyez de ces lieux , ô Bergers ,
Fuyez , notre perte eſt certaine :
L'ennemi , ſortant de la plaine ,
Eſt prêt d'entrer dans nos foyers.

LICIDAS.

Mais , n'avez-vous point pris une vaine épouvante ?
Et vos yeux ſe ſont-ils aſſurés du danger ?

DAMON.

Oui , de mes yeux , caché dans un verger ,
J'ai vu des ennemis la troupe menaçante ,

Renverser sous leurs coups nos plus braves guerriers,
Forcer par-tout la résistance,
Déconcerter des chefs l'adresse, la prudence,
S'emparer du chemin bordé de peupliers,
Qui conduit à notre village.
Rien ne peut exprimer les transports de leur rage :
Vingt fois j'ai vu nos terribles boulets,
Au milieu de leurs rangs, faire un large passage,
Et ces rangs aussitôt reparoître complets.
La discipline & le courage
Ne peuvent arrêter leur brutale fureur :
Eh! sans doute déjà, dans nos pauvres chaumières,
Leurs armes meurtrières
Portent le carnage & l'horreur........
Ne différons donc plus, cherchons une retraite ;
Fuyons dans l'épaisseur du bois le plus voisin ;
Sachons, à leur fer assassin,
Au moins dérober notre tête.
De quel secours, hélas! seroient nos foibles bras ?
Que sert-il d'augmenter le nombre des victimes ?

LICIDAS.

Pour moi, je ne vais point encor suivre vos pas ;
Je me sens assez de courage,
Pour aller m'assurer du sort de nos soldats
Et de notre pauvre village.
Peut-être quelque heureux secours........
Hélas! on se flatte toujours,
Pour tâcher d'adoucir ses peines,

Gardez-vous de frayeur & d'espérances vaines,
Avant que le soleil ait terminé son cours,
Je vous apporterai des nouvelles certaines.

Fin du premier Acte.

ACTE II.

SCÈNE PREMIERE.

AMINTE, DAPHNIS.

AMINTE.

Déja vers son couchant l'astre du jour s'incline,
Et nous ne voyons point revenir Licidas.
 Mes yeux, mes tristes yeux sont las
 De regarder vers la colline.
 Il est temps d'aller retrouver
 Nos compagnons dans leur retraite;
 Notre absence les inquiète.

DAPHNIS.

 S'ils nous voyoient seuls arriver,
 Hélas! d'une mortelle crainte,
Ils sentiroient la plus cruelle atteinte.

AMINTE.

 Cependant on ne se bat plus;
 Des cris, des hurlemens confus

Ne viennent plus frapper mon oreille effrayée ;
La terre n'est plus ébranlée,
Par le bruit tonnant des canons ;
Le silence de nos vallons,
Me fait croire, au moins suspendue,
Des ennemis lassés la première fureur.
Je ne sais pourquoi, de terreur,
Je sens mon ame moins émue.

DAPHNIS.

Défions-nous des doux pressentimens ;
Ils sont souvent du plus funeste augure,
Et leurs flatteurs égaremens
Rendent l'adversité plus dure.

SCÈNE II.

AMINTE, DAPHNIS, TIMANDRE, DAMON.

DAMON.

Rassurez-nous, Bergers, nous avons cru toucher
A notre heure dernière.
Nous nous félicitions d'avoir su nous cacher
Dans un endroit, où la lumière
Ne peut pénétrer de ses traits,
De ce bois le feuillage épais.
Nous disions : Qu'envers nous la Providence est
bonne !
Quand le péril nous environne,

C

Sa main nous met en sureté ;
Et dans cet asyle écarté,
Nous entendons gronder l'orage,
Sans qu'aucuns coups nous soient portés.....
Soudain voilà qu'à nos côtés,
Nous entendons s'agiter le feuillage.
A l'instant même, à nos yeux effrayés,
De deux brigands armés, s'offre l'aspect terrible.
Saisis d'une frayeur horrible,
Timandre & moi, nous sommes écriés :
Ah ! laissez-nous du moins la vie !
Un moment, de frayeur ils ont paru frappés :
Mais leur fureur sur nous alloit être assouvie,
Si , par des sentiers escarpés,
Nous n'étions à l'instant au péril échappés.

TIMANDRE.

Je tremble encor qu'ils ne suivent nos traces.
Dans un endroit plus sûr, Bergers, portons nos pas.
Accablés de tant de disgrâces,
Il ne nous restoit plus d'autre malheur, hélas !
Qu'être chassés du lieu qui nous servoit d'asyle.

AMINTE.

Votre ame à la frayeur me paroît trop facile.
Peut-être que ces deux brigands,
Eux-mêmes, dans le bois, cherchoient une retraite.

DAPHNIS.

Pour moi, les périls les plus grands
N'ont maintenant plus rien qui m'inquiète ;

Et je me fens, en ce moment,
Le plus intrépide courage.

AMINTE.

Daphnis, avec toi je partage
Un fi généreux fentiment.
Je ne fuis plus, je crois, ce que j'étois naguère :
Loin d'être encore épouvanté,
Je fuis fâché de n'être pas refté,
Pour affronter les dangers de la guerre.

DAPHNIS.

Regrettons que nos bras ne foient pas affez forts,
Et notre ame affez aguerrie,
Pour feconder les valeureux efforts
De nos Soldats, foutiens de la patrie.
Oui, je crois fentir en mon cœur,
Que la force me manque, & non pas la valeur.

AMINTE.

Que ne fuis-je plus grand! Bergers, cette houlette
Se changeroit bientôt en inftrument guerrier.
Ah! qu'il me feroit doux de porter fur ma tête,
Au lieu de fleurs, un beau laurier !
J'aime bien mes moutons & ma brebis chérie ;
Mais j'ai bien plus encor d'amour pour ma patrie.

DAMON.

Je fens que ces difcours réveillent en mon cœur
Je ne fais quelle ardeur,
Qui m'excite, qui me ranime :
Je ne fuis plus pufillanime ;

Vous ne me verrez plus craindre autant le danger :
Il n'eſt que ma tendre jeuneſſe
Qui puiſſe excuſer ma foibleſſe.
Déjà s'allume en moi le deſir de venger
Les malheurs de notre village ;
Vous verrez ce deſir en moi croître avec l'âge ;
Et dès que, trop tardif à ſeconder nos vœux ,
Le ciel aura rendu nos bras aſſez nerveux ,
Si nos cantons encor éprouvent des alarmes ,
Je fais en vos mains le ſerment ,
Avec vous de prendre les armes.

AMINTE.

Un ſi généreux ſentiment
N'a rien ici qui nous étonne :
La vertu, la valeur ſe donne ;
Il ſuffit d'un cœur courageux ,
Pour électriſer une autre ame ,
De ſa vive & ſublime flamme.

***

SCÈNE III.

AMINTE , DAPHNIS , TIMANDRE , DAMON ,
LICIDAS.

LICIDAS.

O Mes amis , ſoyez joyeux ;
A peine pourrez-vous le croire ;
Nous venons d'obtenir une pleine victoire.

Les ennemis battus, fuyant de toutes parts,
Ont enfin disparu devant nos étendards.

DAPHNIS.

Ah Ciel! quelle heureuse nouvelle!
A peine j'ose y donner foi.

LICIDAS.

Ces brigands, qui vouloient nous imposer la loi,
Ont vu fuir lâchement leur cohorte rebelle.
  D'abord leur première fureur
  Rendoit l'affaire meurtrière;
  Et, malgré leur rare valeur,
Plusieurs de nos Guerriers rouloient sur la poussière.
  Chacun d'eux se battoit
  En héros magnanime;
  Mais il tomboit victime
 Sous le nombre qui l'emportoit.
Du rebelle insolent, tout augmente l'audace;
  Il s'avance; il menace
De ne rien épargner, si l'on ne se rend pas;
Il commande en vainqueur de choisir, sans attendre,
  Entre la honte & le trépas.
Damis élève un cri, qu'encor je crois entendre;
  Car Damis, au milieu des rangs,
  Donnoit à tous les combattans,
  L'exemple du plus grand courage.
La mort, dit-il, la mort, plutôt que l'esclavage.
Même cri retentit dans tous nos bataillons,
Et plus fort que jamais, le combat recommence:
Par-tout on voit le sang couler à gros bouillons;

Vaincre ou mourir eſt la ſeule eſpérance.......
Tout-à-coup, près de là, nous voyons s'élever
Un gros nuage de pouſſière,
Qui, du ſoleil ardent dérobe la lumière.
Il s'ouvre, & nous voyons à notre aide arriver
De nombreux eſcadrons. A leur ſeule préſence,
Nos ennemis par-tout tournent le dos ;
Mais la foule de nos héros,
Sur leurs traces bientôt s'élance :
Des milliers tombent ſous leurs coups ;
De leurs corps expirans la campagne eſt jonchée ;
Et de leur ſang impur l'herbe eſt toute tachée.
Ainſi le ciel a, de ces loups,
Détruit & diſperſé la troupe ſanguinaire.
Nos braves Défenſeurs, nos vaillans Généraux
Pourſuivront le dernier dans ſon dernier repaire,
Et la paix va règner enfin dans nos hameaux.

DAMON.

O Bergers, béniſſons cette heureuſe journée,
Pour nous deux fois ſi fortunée,
Qui nous fait recouvrer le meilleur des amis,
Le brave & généreux Damis,
Et ramène en notre contrée
La tranquillité deſirée.

(*Il chante, ſur l'air* : Ah! s'il eſt dans notre village.)

Ah! ſi, lorſqu'un épais nuage
Alloit inonder nos vallons,
Bien loin de nos belles moiſſons ;

Un heureux vent pousse l'orage ;
Il emporte notre frayeur,
Et nous renaissons au bonheur. } *bis.*

AINSI, lorsque notre village
Etoit menacé des brigands,
La crainte, hélas ! glaçoit nos sens,
Et nous ne voyions que carnage :
Mais, échappés à leur fureur,
Nous allons renaître au bonheur. } *bis.*

JE reverrai donc ma chaumière,
Et vous, ô mes tendres brebis ;
Je reverrai le bon Damis.
Combien je chéris la lumière !
Que ce moment a de douceur !
Je me sens renaître au bonheur. } *bis.*

BERGERS, sans crainte, sans alarmes,
Nous allons passer d'heureux jours.
Que les ans nous sembleront courts,
Loin du bruit effrayant des armes !
Le calme rentre dans mon cœur ;
Oui, nous renaissons au bonheur. } *bis.*

SCÈNE IV.

AMINTE, DAPHNIS, TIMANDRE, DAMON, LICIDAS,
le vieux PALÉMON, en écharpe ; DAMIS, &
d'autres Bergers.

PALÉMON.

O Mes amis ! versez des larmes d'alégresse :
Nous venons partager avec vous nos transports,

Le juste & l'innocent enfin sont les plus forts ;
La sainte Liberté, sur la scélératesse,
        Remporte un triomphe éclatant.
        Nous serions morts en combattant,
    Avant de voir notre pauvre village
Dévasté par le fer, la flamme & le pillage.
Ce jour qui s'annonçoit pour le plus malheureux,
Se trouve le plus beau, le plus doux de ma vie.
Il me rend mon cher fils, il me rend ma patrie.
Jamais je n'eusse osé former de si grands vœux.

AMINTE.

        Digne objet de notre tendresse,
        O vénérable Palémon !
L'injuste sort, lassé d'offenser ta vieillesse,
Respecte donc enfin les rides de ton front :
Pour toi vient de finir la saison des tempêtes ;
        Tu recouvres ton fils chéri ;
Ton cœur par le chagrin ne sera plus flétri.
Un horrible péril a menacé nos têtes :
        Le tonnerre a grondé sur nous,
Mais le Ciel tout-puissant a détourné ses coups.
        La victoire, de la justice
        A défendu les droits sacrés ;
        A l'aide de son bras propice,
        Ces droits, vous les conserverez.
Quand nous serons, Damis, arrivés à votre âge,
Qu'il sera doux pour nous de marcher sur vos pas !
Alors, plus de vigueur animera nos bras,
        Et nous saurons en faire usage.

DAMIS.

Jeunes Bergers, de nos cantons,
L'ornement, la douce espérance ;
Oui, déjà vous prouvez d'avance
Que la Liberté fait de tendres nourriffons;
Grandis, élevés fous fon aile,
Vous faurez combatre pour elle.
Ah! j'en attefte le bonheur
Qui remplit maintenant mon cœur :
Non, rien n'eft auffi doux que d'expofer fa vie ;
Pour fe couvrir de gloire, en fauvant la Patrie,
Mais avant que vous foyez grands,
Les efclaves & leurs tyrans,
Seront fans doute las de nous faire la guerre.
Jufqu'à Nantes, nos champs font jonchés de leurs
      morts,
Leur fang en longs ruiffeaux coule fur notre terre,
Et nous ne craignons plus leurs coupables efforts.

DAPHNIS.

Mais, une crainte encore me refte :
Des brigands la horde funefte,
Toute entière n'a pas fuccombé fous vos coups ;
Ils ont encore des armées,
Qui ravagent d'autres contrées ;
Et peut-être bientôt viendront tomber fur nous.

DAMIS.

Jamais frayeur ne fut plus vaine ;
Vous n'avez point à craindre ce malheur ;

Il faut les avoir vus tous glacés de terreur,
Bien plus nombreux que nous, fuir à travers la plaine.
　　　Hélas ! avec quelle fureur
　　Ces inhumains assouvissent leur rage,
　　　　Lorsqu'ils remportent l'avantage ;
　　　　Et comment leur férocité,
　　　　Tout-à-coup devient lâcheté,
　　　　Lorsque repoussés avec perte,
　　　　Leur troupe s'enfuit & déserte.....
　　　　Eux revenir dans nos cantons !....
　　　　Ah ! ne craignez plus leur présence ;
Des généreux Nantais, les vaillants Bataillons,
Leur ont fait payer cher leur féroce imprudence.
Contr'eux, de tous côtés, marchent des Légions,
Qui vont venger enfin leurs horribles ravages.

PALÉMON.

　　O mes amis, le plus sûr des présages,
　　　　Par une douce émotion,
　　　　M'annonce la destruction
　　　　De cette horde conjurée.
　　Nous possédons enfin la Constitution,
Par les vrais Citoyens, si long-tems desirée.
　　　　Déjà tout bon Français,
　　　　Jurant de lui rester fidèle,
　　A l'envi, se presse autour d'elle.
Ce concert unanime assure nos succès.
Quand un Peuple est uni, quand il a des loix sages,
Il est comme un rocher qui brave les orages.
　　　Contre lui viennent se briser,

Ceux qui, jaloux de sa puissance,
Par les lâches moyens qu'inspire la vengeance,
S'efforcent de le diviser.
De l'orgueilleuse tyrannie,
Il renverse les vains projets,
Et de la Liberté le bienfaisant génie
Veille sur son bonheur, & le maintient en paix!
Ah! cette douce paix sans doute va renaître.
Un peuple qui n'a plus que l'équité pour maître,
Ne peut long-temps encor avoir des ennemis :
L'homme libre par-tout n'aura que des amis.

DAMIS.

Dans ce moment sublime où tous les cœurs s'unissent,
Où des bons citoyens les desirs s'accomplissent,
Où tous les bras français, au ciel, en même temps,
Se lèvent, pour prêter le plus saint des sermens,
Il faut que, de ces bras, la masse toute entière
Tombe sur les brigands, les réduise en poussière.
C'est peu que de les repousser :
Jusqu'au dernier encor, il faut les terrasser.
Je me sens tout-à-coup plein d'une ardeur guerrière.
O vous, mon tendre Père, & vous, jeunes Bergers,
Je jure de ne point regagner ma chaumière,
Que le pays français ne soit hors de dangers.
Puisque la Liberté me rend à ma Patrie,
Je dois & je saurai lui consacrer ma vie.

TIMANDRE.

Quoi! bon Damis, vous voulez nous quitter,
Quand, par votre retour, vous veniez d'exciter

En nous la plus vive alégresse ?
Ah! pourquoi nous plonger encor dans la tristesse ?

Un petit Berger.

Non, n'abandonnez pas ces lieux ;
Les momens de votre présence
Pour nous sont si délicieux,
Que nous ne pourrons pas supporter votre absence.

Un autre.

Ah! si vous nous quittez, le deuil & la douleur
Vont se répandre encor dans nos tristes campagnes.

Un autre.

Mais, n'est-il pas plus doux d'être pasteur,
De mener des troupeaux paître sur les montagnes,
Que d'aller affronter, au milieu des combats,
Et les dangers & le trépas ?

Un autre.

Nous espérions vous voir, présidant à nos fêtes ;
Ranimer & nos chants & nos tendres musettes.

Un autre.

Echappé des plus grands dangers,
Ne seroit-il donc pas plus sage
De goûter du repos le trop rare avantage,
Parmi les paisibles Bergers ?

Un autre.

De rester avec nous accordez-nous la grace.

DAMIS.

Bergers, ne vous affligez pas.
Vous voyez le bon Licidas :
A vos fêtes je veux qu'il préside à ma place.

Tous.

Reſtez, reſtez.

PALÉMON.

Bergers, tous à la fois,
En vain vous élevez la voix.
N'eſpérez, par aucune inſtance,
Pouvoir ébranler ſa conſtance.
O mon généreux fils ! il eſt dur à mon cœur,
Ce grand, ce noble ſacrifice.
T'avoir auprès de moi, faiſoit tout mon bonheur ;
Mais que l'ordre du Ciel envers moi s'accompliſſe !
De ma vieilleſſe en toi je voyois le ſoutien ;
C'étoit là ma ſeule eſpérance,
Et pour mes longs travaux, ah ! je méritois bien
Une ſi douce récompenſe.
Pourquoi faut-il que mes vieux jours
Soient, hélas ! des jours de détreſſe ?...
Mais, quels ſont ces honteux diſcours ?
Oui, je rougis de ma foibleſſe.
Moi, le Maire de ce Canton,
Je dois tenir un plus digne langage.
Pars, mon fils ; obéis à ton mâle courage ;
Va, va conquérir le beau nom
De Défenſeur de la Patrie.
Mais, ſi le Ciel veut terminer ma vie,
Avant que tu ſois de retour,
En penſant que tu ſers la Liberté chérie ;
Je bénirai mon dernier jour.

Qu'est-il pour mon pays que je ne puisse faire ?
N'est-on pas Citoyen, avant que d'être père ?

LICIDAS.

Oui, montrons-nous plus courageux !
Ayons l'ame plus assurée ;
Et loin qu'à la douleur nous la laissions livrée,
Par des accens joyeux,
Célébrons de cette journée
Tous les événemens heureux !

Couplets, chantés, tour-à-tour, par chacun des Bergers ;

Sur l'Air : Que tout soldat Français fidèle.

Des vrais Soldats de la Patrie,
Amis, chantons les courageux exploits.
Pour le soutien des Loix,
Ils ont bravé cent fois
Des brigands l'aveugle furie.
Oui, la raison l'emportera ;
La paix, enfin, s'établira,
Et le bonheur en tous lieux régnera.

Jusqu'auprès de notre village,
La guerre, hélas ! a porté ses fureurs ;
Mais nous sommes vainqueurs ;
Le calme & ses douceurs
Vont couronner notre courage.
Oui, la raison l'emportera ;
La paix, enfin, s'établira,
Et le bonheur en tous lieux régnera.

De l'air essuyant les injures,
Nos défenseurs affrontent le trépas.

Devenus tous foldats ;
Nous irons fur leurs pas ;
Nous irons venger leurs bleſſures,
Mais la raiſon l'emportera ;
La paix, enfin, s'établira,
Et le bonheur en tous lieux règnera.

De l'odieuſe tyrannie,
L'orgueil cruel, enfin, fera dompté.
La fainte Liberté,
La douce égalité,
Bientôt par-tout l'auront bannie.
Oui, la raiſon l'emportera ;
La paix, enfin, s'établira,
Et le bonheur en tous lieux règnera.

Quel avenir à mes yeux brille !
Je vois, enfin, tous les troubles finis ;
Et dans tous les pays,
Tous les peuples unis,
Ne plus former qu'une famille.
Oui, la raiſon l'emportera ;
La paix, enfin, s'établira,
Et le bonheur en tous lieux règnera.

Je pars pour les champs de la gloire :
Jamais, pour moi, moment ne fut plus doux.
Mars, d'accord avec nous,
Dirigera nos coups,
Et nous donnera la victoire.
Oui, la raiſon l'emportera ;
La paix, enfin, s'établira,
Et le bonheur en tous lieux règnera.

F I N.

CHANSON DES PRIX.

Sur l'Air : Une petite fillette.

Quand, dans les Champs de Bellone;
Le Guerrier vole aux combats,
Pour une belle Couronne,
Il affronte le trépas:
Il voit, hélas! mille Soldats,
Qu'autour de lui le fer moissonne.
Mais, si la victoire lui donne
Ce qui fait tous ses desirs,
De ses dangers les souvenirs
Deviennent ses plus doux plaisirs.   (*bis.*)

Nous éprouvons, à notre âge,
Une aussi sublime ardeur;
Le plus généreux courage
Remplit aussi notre cœur.
Pour un beau Laurier de Vainqueur;
Le travail n'est qu'un badinage;
Et recevons-nous en partage,
Ce qui fait tous nos desirs,
De nos travaux les souvenirs
Sont les plus doux de nos plaisirs.   (*bis.*)

La fortune, par la peine,
Prépare ainsi le bonheur;
Et plus elle est inhumaine,
Plus est douce sa faveur.
Son inconstance, sa rigueur,
Chaque jour tient l'esprit en géne;
Mais, à l'instant qui nous amène
Ce qui fait tous nos desirs,
De nos chagrins les souvenirs
Sont les plus doux de nos plaisirs,   (*bis*).

L'INSTANT funeſte ou proſpère ;
Qui va fixer notre ſort ,
A plus d'une tendre mère ,
Fait battre le cœur bien fort :
Tantôt elle ſe flatte encor ,
Tantôt elle ſe déſeſpère.
Mais enfin , ſi tout le myſtère
Tourne au gré de ſes deſirs ,
De ſa crainte les ſouvenirs
Deviendront ſes plus doux plaiſirs.　　　　(bis.)

CE beau jour , pour notre vie ,
Eſt vraiment un ſigne heureux :
D'Apollon la main chérie
Couronne nos fronts joyeux.
Mais , ſi le ciel remplit nos vœux ,
Un jour , pour l'avoir bien ſervie ,
Nous le ſerons par la Patrie ,
Qui comblera nos deſirs.
De nos travaux les ſouvenirs
Alors ſeront de doux plaiſirs.　　　　(bis.)

(Aux Adminiſtrateurs.)

QUE vois-je ? chaque Couronne
Reçoit un éclat nouveau.
Combien la main qui les donne
Rend le triomphe plus beau !
Que j'envie un ſimple rameau ,
Quand tant de gloire l'aſſaiſonne !
Mais mon cœur s'agite & friſſonne…..,
S'il voit combler ſes deſirs ,
De ſes tourmens les ſouvenirs
Deviendront ſes plus doux plaiſirs.　　　　(bis.)

Extrait du Bulletin du Département de la Sarthe, du 8 Août.

« LA diſtribution des Prix du Collége du Mans s'eſt
» faite en préſence des Autorités conſtituées. Elle a été
» précédée d'un Exercice ſur l'Art dramatique, & d'une
» *Paſtorale ſur la Victoire remportée auprès de Nantes.* ——
» L'Adminiſtration du Département a tellement été ſatis-
» faite de l'exécution de cet acte ſolennel, & des ſentimens
» de Patriotiſme dont l'Exercice & la *Paſtorale* étoient remplis,
» qu'après avoir rendu le témoignage le plus flatteur au
» zéle des Inſtituteurs & au talent des Éleves, elle les a
» invités à prendre place dans la grande Fête Civique du
» 10 Août. Elle s'eſt chargée auſſi de faire imprimer la
» Paſtorale, dont l'Auteur, eſt le Citoyen BOYER, Profeſſeur.

» Le zéle & les ſoins de l'Inſpecteur des Etudes, & des
» Profeſſeurs du Collège du Mans, n'ont pas peu contribué
» à le préſerver de la décadence. Ils y ont maintenu &
» amélioré l'Enſeignement, ſur-tout en y établiſſant deux
» Claſſes d'Ecole Civique, pour les jeunes gens qui ne ſe
» deſtinent pas à l'étude de la Langue Latine. Quelque
» jour, nous ferons des réflexions ſur le bon état des Etudes
» du Collège du Mans ».

AU MANS. De l'Imprimerie Nationale, chez PIVRON,
Imprimeur du Département de la Sarthe.